ALERAN Ier ET ALERAN II

NOTE HISTORIQUE

SUR LES

COMTES DE TROYES

DU IXe SIÈCLE

PAR

M. l'Abbé A. PÉTEL

MEMBRE RÉSIDANT DE LA SOCIÉTÉ ACADÉMIQUE DE L'AUBE

TROYES

IMPRIMERIE ET LITHOGRAPHIE PAUL NOUEL

Rue Notre-Dame, 41 et 43

—

1905

ALERAN Ier ET ALERAN II

NOTE HISTORIQUE

SUR LES

COMTES DE TROYES

DU IXe SIÈCLE

PAR

M. l'Abbé A. PÉTEL

MEMBRE RÉSIDANT DE LA SOCIÉTÉ ACADÉMIQUE DE L'AUBE

TROYES

IMPRIMERIE ET LITHOGRAPHIE PAUL NOUEL

Rue Notre-Dame, 41 et 43

1905

Extrait des Mémoires de la Société Académique de l'Aube
Tome LXVIII. — 1904

ALERAN Ier ET ALERAN II

NOTE HISTORIQUE SUR LES COMTES DE TROYES

DU IXe SIÈCLE

Le numéro d'avril 1904 de la savante revue *Romania* renferme, sous le titre : *Notes historiques sur Aye d'Avignon,* une étude de M. Ferdinand Lot, qui intéresse au plus haut point notre histoire locale et sur laquelle il me paraît utile d'appeler l'attention de la Société Académique.

En voici le résumé :

Aye d'Avignon est un poème de la fin du XIIe siècle, publié en 1861, et dont M. Paul Meyer prépare une nouvelle édition. Dans la seconde partie de ce poème, parmi les ennemis du héros Garnier de Nanteuil, l'auteur, resté inconnu, met en scène, dans un rôle très secondaire, un personnage du nom d'Aleran, qu'il qualifie par trois fois *quens de Traysin* ou *de Troiesin,* c'est-à-dire comte de Troyes.

D'accord sur ce point avec le poème, l'histoire mentionne, au IXe siècle, deux personnages qui ont porté le nom d'Aleran.

Le premier a certainement possédé le comté de Troyes à titre bénéficiaire [1] et il a sa notice dans l'*Histoire des*

---

[1] C'est-à-dire sans avoir sur ce comté un droit transmissible à ses héritiers.

Comtes de Champagne[1] de M. d'Arbois de Jubainville, qui le nomme *Alédramne.* Il vécut sous les règnes de Charlemagne, de Louis le Débonnaire et de Charles le Chauve, et remplit des missions importantes en Italie comme *missus dominicus*. De retour en France, vers 837, il donna au prêtre Adrémare, dans la forêt du Der[2], le terrain nécessaire à l'établissement d'un monastère qui s'appela d'abord la Nouvelle-Celle, *Nova Cella,* puis Montiéramey, du nom de son fondateur, *Adremari monasterium.*

M. F. Lot estime que le comte Aleran fit cette pieuse largesse, non pas aux dépens de ses biens patrimoniaux, mais aux frais du fisc royal. « La forêt du Der et les revenus « qu'on en tirait, dit-il, faisaient partie du traitement attaché « à la fonction de comte de Troiesin. Tel est, en effet, « ici le sens du mot *comitatus.* Et c'est aussi ce qui nous « explique et la nécessité de la confirmation royale dans « les actes concédés à l'abbaye de Montiéramey, et l'assen- « timent des comtes de Troiesin, Aleran, Eudes, Raoul, « Boson[3]. »

Aleran n'était plus comte de Troyes le 25 avril 854, car, dans un diplôme de Charles le Chauve confirmant, sous cette date, les privilèges de l'abbaye de Montiéramey, il est fait mention du comte de Troiesin, Eudes, et du comte Aleran son prédécesseur. S'appuyant sur ce document, M. d'Arbois de Jubainville s'est borné à dire : « Alédramne était mort en 854. »

---

[1] I, p. 58 et suiv.

[2] Le Der, vaste région naturelle alors boisée, s'étendant des bords de la Seine, à la hauteur de Clérey, jusqu'au delà de Montier-en-Der et comprenant notamment, dans l'arrondissement actuel de Troyes, le canton de Lusigny, sur le territoire duquel s'éleva l'abbaye de Montiéramey. (Note de M. A. Giry dans ses *Etudes carolingiennes.*)

[3] M. d'Arbois de Jubainville (*loc. cit.* et 134) et l'abbé Lalore (*Cartul. de Montier-en-Der*, p. 120, n° 3) ont reproduit, sans faire la moindre réserve sur son authenticité, un mandement que Charlemagne, empereur, aurait adressé à Aleran pour le contraindre à restituer à l'abbaye de Montier-en-Der des biens qu'un de ses satellites avait usurpés ; M. F. Lot dit qu'il suffit de lire cet acte pour voir qu'il est faux (p. 146, note 2).

M. F. Lot croit pouvoir préciser davantage et, au *terminus ad quem* donné par l'historien des comtes de Champagne, ajouter un *terminus a quo,* qui serait le mois d'août 851. « Il est certain, dit-il, qu'Eudes, successeur « d'Aleran dans le *pagus Tricasinus*, n'a été investi de ce « comté que postérieurement au mois d'août 851. Jusque-« là, il dirigeait le *pagus* moins important de Dunois, et la « guerre contre les Bretons nécessitait sa présence dans « l'ouest, en Anjou[1]. Aleran a donc prolongé ses jours « jusqu'au mois d'août 851 pour le moins. Ceci posé, il « est évident que notre comte de Troiesin doit être iden-« tifié avec le valeureux marquis qui, de 844 à 852, « défendit Barcelone et la marche d'Espagne à la fois « contre les Sarrasins et contre les entreprises du rebelle « Guillaume. »

Le raisonnement ne paraît pas d'une logique très rigoureuse. Du fait que, retenu dans son *pagus* de Dunois par la guerre contre les Bretons jusqu'au mois d'août 851, Eudes ne put être que postérieurement investi du comté de Troyes, je ne vois pas comment on conclut qu'Aleran vécut au moins jusqu'à cette date. C'est le contraire, semble-t-il, qui résulte des prémisses. En effet, pour que l'investiture d'Eudes fût possible, il fallait d'abord que le comté de Troyes fût vacant, et M. F. Lot admet qu'il l'était, puisqu'il donne comme obstacle à l'investiture la guerre contre les Bretons. Or, la vacance ne put se produire que de deux façons, par la mort du titulaire ou par la nécessité de le remplacer, étant donné son éloignement. Dans la première hypothèse, il faut admettre qu'Aleran mourut *avant* et non *après* le mois d'août 851. Dans la seconde, il y aurait lieu de faire remonter la vacance du comté soit au départ d'Aleran pour l'Espagne en 844, soit à sa captivité en

[1] Voy. sur ce personnage R. Merlet, *Les Comtes de Chartres*. p. 31-38, dans *Mémoires de la Société archéol. d'Eure-et-Loir,* XII. 1897.

850. Dans l'un comme dans l'autre cas, la guerre contre les Bretons ne pouvait être un obstacle à l'investiture d'Eudes. Elle ne le fut certainement pas dans le premier, puisqu'elle était encore dans les futurs contingents, « comment l'aurais-je fait si je n'étais pas née ? » Elle ne le fut pas davantage dans le second, car je me demande pourquoi une guerre en France aurait empêché Eudes de devenir comte de Troyes, quand une expédition en Espagne n'aurait pas empêché Aleran de le rester pendant six ans [1].

Ces réserves faites, continuons la citation.

« Ce Guillaume, petit-fils de Guillaume de Gellone, fut « un révolté à l'exemple de son père Bernard, comte de la « marche d'Espagne. Reconnu coupable de trahison envers « Charles le Chauve, celui-ci avait été décapité au début « de 844 [2]. Guillaume entreprit de venger son père et de « conquérir pour lui-même la Gothie (Septimanie et « marche d'Espagne).

« Tout donne à croire que c'est dans ces circonstances « difficiles que Charles le Chauve fit appel au dévouement « du vieux comte de Troyes. Celui-ci, qui avait servi sous « Charlemagne et rempli une mission importante en Italie « sous Louis le Pieux, était tout désigné pour cette tâche

---

[1] A l'appui de cette observation, nous pouvons invoquer l'autorité de M. R. Merlet : « Il eût été difficile à Eudes, dit-il, d'administrer à lui seul des comtés aussi éloignés les uns des autres ; mais depuis un certain temps déjà, l'habitude qu'avaient prise les successeurs de Charlemagne de confier à un même officier plusieurs gouvernements, avait insensiblement conduit les comtes à se faire remplacer dans chacune de leurs villes par un lieutenant, qu'ils nommaient eux-mêmes et qui, appelé d'abord *missus comitis*, prit bientôt le nom de *vicecomes*, vicomte. Cette institution fut de bonne heure acceptée par les rois carolingiens et, au milieu du IXe siècle, elle fonctionnait régulièrement. Eudes qui, à partir de 852, semble avoir séjourné de préférence dans le pays de Troyes, se fit représenter dans son comté d'outre-Seine par un vicomte qu'il établit à Châteaudun. (*Les comtes de Chartres, de Châteaudun et de Blois aux* IXe *et* Xe *siècles*, dans *Mémoires de la Société archéol. d'Eure-et-Loir*, année 1897, n° 228, p. 38.)

[2] *Annales Bertiniani*, édit. Waitz, p. 30.

« épineuse. Le nouveau marquis d'Espagne ne fut pas « toujours heureux. A la fin de 848, il fut chassé de « Barcelone, que la trahison livra à Guillaume [1]. Au début « de 850, Aleran et Isembart, fils de Guérin, attirés traî- « teusement à une conférence, sous prétexte de conclure la « paix, tombèrent aux mains de leur ennemi. Le triomphe « de Guillaume fut des plus éphémères. Vaincu dans une « rencontre par les fidèles du roi, il courut se réfugier « dans Barcelone. Aleran, délivré, noua des relations avec « quelques Goths. Ceux-ci livrèrent Guillaume, dont la « tête tomba [2]. Deux ans après, les Musulmans s'empa- « rèrent par surprise de Barcelone et ne se retirèrent « qu'après avoir dévasté la ville et passé les habitants au « fil de l'épée [3]. On doit supposer qu'Aleran trouva la « mort dans le désastre. Son nom n'est plus prononcé « depuis lors et, le 10 septembre de cette même année 852, « apparaît un comte Udalric, marquis de Gothie, sans doute « le successeur de notre comte [4]. »

Tout ceci est pour nous une véritable révélation, car M. d'Arbois de Jubainville n'a absolument rien dit de cette dernière phase de la vie d'Aleran. C'est donc une nouvelle page, et non des moins glorieuses, que M. Lot vient d'ajouter à l'histoire des comtes de Troyes.

---

[1] Prudence, évêque de Troyes, *Annales Bertiniani*, 848, fin, p. 37. *Chronicon Fontanellense*, 849. Cf. Merlet, *op. cit.*, 30, note 3, et encore J. Calmette, *Les Marquis de Gothie sous Charles le Chauve*, p. 6. « Ce dernier article, ajoute M. Lot, ne nous est parvenu qu'après l'achèvement du présent mémoire (avril-mai 1902). »

[2] *Annales Bertiniani*, 850, début, p. 38 ; *Chronicon Fontanellense*, 849 (*Hist. de Fr.*, VII, 42). La chronologie des *Annales Bertiniani* doit être préférée. Charles le Chauve, se trouvant à Alby le 18 octobre 849, faisait une donation au fidèle Etienne, à la requête d'Aleran (*Hist. du Languedoc*, éd. Privat, II, p. 282. Cf. R. Merlet, p. 30, note 3). Aleran, chassé de Barcelone, était donc encore libre et auprès du roi en octobre 849. Sa captivité se place en conséquence à la fin de l'année, la défaite et la mort de Guillaume au début de 850.

[3] *Annales Bertiniani*, 852, p. 41.

[4] *Hist. du Languedoc*, éd. Privat, I. 1065 ; II. Preuves. col. 287. Cf. Mabille, p. 54 ; Merlet, p. 37.

De cette addition, qui a tout le charme de l'inédit et sur l'importance de laquelle il me paraît inutile d'insister, nous passerons à une rectification chronologique. Libéral envers l'abbaye de Montiéramey, Aleran s'était montré injuste envers celle de Montier-la-Celle et lui avait enlevé un domaine appelé *Silviniacus*, aujourd'hui Sainte-Vertu [1], dans le Tonnerrois. La mort l'avait trouvé impénitent sur ce point et il était descendu dans la tombe sans consentir à la moindre restitution Lorsque Charles le Chauve, venant d'Auxerre, traversa la banlieue de Troyes, où était situé le monastère de Montier-la-Celle, l'abbé Haldegingus et ses moines lui exposèrent respectueusement la spoliation dont ils étaient victimes et le prièrent d'user de son autorité pour que l'injustice dont ils souffraient fût réparée. Le roi fit droit à leur requête par un diplôme que dom Bouquet, M. d'Arbois de Jubainville et l'abbé Lalore, ont reproduit sous la date du 10 janvier 856. D'après M. F. Lot, ce document serait de trois ans postérieur, et c'est 10 janvier 859 qu'il faudrait lire. Voici, du reste, son argumentation qui me paraît concluante : « La date est ainsi conçue : *Data IIII idus januarii, indictione IIII, anno decimo nono regnante Karolo [rege] gloriosissimo. Actum Cella Bobini. In Dei nomine feliciter. Amen.* L'indiction 4 correspond à 856, l'an du règne à 859. De quel droit sacrifier cette seconde donnée, la plus importante, à la première? En réalité, il y a concordance entre les divers éléments de la date. Le chiffre de l'indiction, sur l'original, devait être écrit VII, ce qui correspond bien à 859. Par une erreur

---

[1] Yonne, arr. de Tonnerre, cant. de Noyers. — Les « *res de comitatu* » n'étaient pas nécessairement situées dans le *pagus* dont le comte avait l'administration. C'est ainsi que le domaine de *Silviniacus*, bien que situé dans le *pagus* de Tonnerre, faisait partie de la « mense » du comte de Troyes. Il en avait été détaché par une donation et les revenus de la mense se trouvaient diminués d'autant. Aleran, fâché de cette diminution, révoqua la donation et rentra, sans plus de façon, en possession du domaine aliéné; cela lui fut d'autant plus facile que le monastère de Montier-la-Celle était sous la protection, sous la « main-bour » du comte de Troiesin.

fréquente chez les copistes qui, aux XIe-XIIIe siècles, composèrent les cartulaires, les deux jambages du V oncial ont été pris pour deux barres et l'indiction a été lue IIII[1]. »

Quant aux singularités diplomatiques, qui pourraient rendre suspect ce document, M. F. Lot les explique d'une manière à la fois très ingénieuse et très vraisemblable. « Le roi était fort pressé. Ayant reconstitué son armée en Bourgogne, il marchait contre son frère Louis le Germanique, lequel, après avoir tenté de s'emparer du royaume occidental, l'année précédente, avec le concours du célèbre Ganelon, archevêque de Sens, se tenait en expectative à Jouy-en-Laonnais[2]. Quatre jours après avoir passé par Troyes, le roi de France arrivait à Jouy et contraignait Louis à la retraite[3]. On conçoit que, en ces circonstances, Charles n'ait pu consacrer grand temps aux doléances des moines de Montier-la-Celle. La chancellerie royale n'a pas eu le loisir de rédiger un acte en bonne et due forme. Un diacre, Idricus, a composé à la hâte l'instrument diplomatique et la chancellerie a dû se borner à plaquer le sceau. C'est ce qui explique quelques irrégularités de style dans cet acte qui n'en est pas moins parfaitement authentique.»

Il est donc maintenant démontré que ce fut le 10 janvier 859, et non le 10 janvier 856, que le roi Charles le Chauve passa à Troyes[4] et donna l'ordre de rendre *Silviniacus* aux moines de Montier-la-Celle.

---

[1] Le défaut de concordance entre l'indiction et l'année du règne de Charles le Chauve n'a pas échappé à M. d'Arbois de Jubainville, qui a cherché à l'expliquer par cette note : « Ici l'on fait commencer le règne de Charles le Chauve en 838. »

[2] Aisne, arr. de Soissons, cant. de Vailly.

[3] Sur ces événements voy. J. Calmette, dans le *Moyen-Age*, 1899, 142-146, et la *Diplomatie Carolingienne*, 49-59.

[4] Ce passage de Charles le Chauve à Troyes, en 859, n'a été mentionné par Boutiot (*Hist. de Troyes*, I, 130), qu'avec une certaine hésitation, comme un on-dit, comme une tradition ne reposant sur aucun document.

Le second personnage qui, au IXe siècle, porta le nom d'Aleran et fut non moins célèbre, non moins valeureux que le premier, se trouve mentionné avec le titre de comte et de ministériel (*ministerialis*) dans divers documents portant les dates extrêmes de 868 et de 900. Il prit part à la bataille d'Andernach, perdue par Charles le Chauve, le 8 octobre 876, et il est cité parmi les comtes qui tombèrent alors aux mains du vainqueur Louis de Saxe, roi de Germanie [1]. En 879, il a recouvré la liberté, et Louis le Bègue lui fait don de deux domaines en Laonnais. Dans le diplôme relatant cette donation, le roi l'appelle son « proche », ce qui a fait conjecturer qu'il était apparenté avec la reine Adélaïde [2]. En 884, après la mort de Louis III et de Carloman, fils aînés de Louis II, « il passa naturellement au service de Charles le Gros, entre les mains duquel tout l'empire franc était réuni ». Chargé de la défense de Pontoise, lors de l'invasion des Normands, il fut obligé de capituler, mais il obtint les honneurs de la guerre et se retira à Beauvais. En septembre 886, Charles III, qui était encore à Quierzy [3], se décidant enfin à marcher au secours de Paris assiégé par les Normands, envoya, comme éclaireurs, à la tête d'un détachement de 600 hommes, Aleran et son frère Thierry. Au moment de rejoindre l'empereur, après s'être heureusement acquittés de leur mission, les deux frères, harcelés par l'ennemi et obligés à un retour offensif, rejetèrent les Barbares du Nord au delà des hauteurs de Montmartre et en tuèrent un grand nombre [4].

Fidèle aux Carolingiens, Aleran II embrassa, après la

---

[1] Hincmar, *Annales Bertiniani*, p. 133.

[2] Seconde femme de Louis II. Ed. Favre, *Eudes, comte de Paris et roi de France*, 202-203.

[3] Aisne, arr. de Laon, cant. de Coucy.

[4] M. Ed. Favre appelle *Autran* le vaincu de Pontoise et *Audran* le vainqueur de Montmartre, en faisant observer toutefois qu'il n'y a peut-être qu'un seul et même personnage sous ces deux noms différents. (*Ouv. cit.*, p. 59, note.)

mort de Charles le Gros, le parti du fils posthume de Louis le Bègue, Charles III, dit le Simple, et il était, en 900, possesseur des comtés de Pertois et de Chamsesais. Il dut mourir peu après sans laisser de descendants directs.

Aleran II, que M. de Kalckstein [1] fait comte de Vexin en 855, et M. Ed. Favre [2], comte de Beauvaisis, fut-il également comte de Troiesin, comme son homonyme Aleran [3] ? Rien ne permet de l'affirmer d'une manière absolue, car ce titre ne lui est donné dans aucun document. Un diplôme en faveur de l'abbaye de Montier-la-Celle semble cependant autoriser à le considérer comme tel. « Par cet acte, dit M. F. Lot, Charles le Chauve confirme, en les énumérant, les possessions du monastère, *ad deprecationem et salubrem ammonitionem dilecti nobis Aledramni, illustris comitis et ministerialis nostri*. Par malheur, le Cartulaire qui nous a conservé ce texte n'en a pas reproduit la date. En sorte que l'on a pu voir dans l' « illustre comte et officier » qui y est cité, Aleran Ier et placer la rédaction du diplôme à une époque antérieure à 854 [4].

« Mais la mention de l'abbé Bon (*Bodo abba*) nous force à en abaisser la date jusqu'à la fin du règne de Charles le Chauve. En effet, nous venons de voir, le 10 janvier 859, Montier-la-Celle dirigé par Haldegingus, *prédécesseur* de Bon. Celui-ci (*sic*) était déjà abbé le 16 octobre 850, auquel jour il faisait consacrer par Prudence l'église de son monastère. Quant à Bon, il est inconnu avant 872 ; en cette année, il demanda à l'évêque de Troyes, Otoux (*Otulfus*), de venir lever le corps de saint Frobert, un des patrons du monastère. Il succéda d'ailleurs à celui-ci sur le siège de

---

1 *Geschichte des franzosischen Konigthums*, p. 472.

2 *Ouv. cit.*, p. 19.

3 A la prière et sur l'avertissement salutaire de notre bien-aimé Aleran, illustre comte, notre officier.

4 C'est ce qui a été fait dans *Historiens de France*, 642 ; Lalore, *Cartul.*, VI, 193 ; d'Arbois de Jubainville, *ouv. cit.*, I, 438.

Troyes entre 878 et 882 et termina ses jours dans les dernières années du règne d'Eudes. Un acte de Charles *roi,* où ce Bon est dit abbé de Montier-la-Celle, se place donc entre le 10 janvier 859 et le 25 décembre 875, date du couronnement de Charles comme empereur. Par conséquent, nous avons bien affaire à Aleran II.

« Reste une dernière difficulté. L'acte a certainement subi des altérations graves. La formule finale d'immunité est détestable. L'énumération des biens de l'abbaye est suspecte. On s'explique mal que le « *pauperrimum monasterium* » de 859 se soit si subitement enrichi (la liste de ses domaines, dans l'acte sans date, est longue). Nous sommes en présence d'un acte refait au XIe-XIIe siècle. Mais si la teneur et le protocole final ont subi des retouches, dans un but facile à deviner, il ne s'ensuit pas que la mention concernant Aleran soit forgée ; il n'y avait aucun intérêt à modifier l'exposé du diplôme où figure ce personnage. Nous croyons donc qu'il est intervenu dans un acte de 859-875, en faveur de l'abbaye de Montier-la-Celle ».

La démonstration nous paraît défier toute critique. Si le diplôme est bien authentique, comme l'admettent les divers érudits qui l'ont reproduit, il ne saurait être antérieur à 854, et la date de 859-875 s'impose, puisque seule elle concorde avec les données du texte.

Du reste, deux considérations viennent, selon nous, à l'appui de la thèse de M. F. Lot. Les voici : Parmi les biens énumérés dans le diplôme se trouve *Silviniacus,* dont nous avons parlé ci-dessus. Aleran Ier, si c'est lui dont il est fait mention dans l'acte, aurait donc demandé au roi de confirmer l'abbaye dans la possession de ce domaine, puis, peu après, il s'en serait emparé et en aurait dépouillé les moines, au mépris de la confirmation royale. Est-ce vraisemblable ? Non ; il y a là une contradiction choquante. Elle n'a pas échappé à M. d'Arbois de Jubainville et il a essayé de l'expliquer « Alédramne, dit-il, voulut sans doute [par ce vol] se dédommager de ses bienfaits envers l'abbaye de Montiéramey. Les faits de ce genre ne sont pas rares dans l'histoire de ces temps. Le même homme, très libéral envers une abbaye, dépouille un autre établissement religieux. Par ses dons, il compte assurer son bonheur à venir pendant l'éternité ; mais comme il ne veut rien sacrifier des jouissances de la vie présente, il reprend d'un côté ce qu'il a donné de l'autre[1] ».

Nous le dirons avec tout le respect dû à la haute autorité de M. d'Arbois de Jubainville, l'explication passe à côté de la difficulté ; loin de la détruire, elle ne l'a pas même effleurée. Qu'il y ait eu dans ces temps à demi barbares des hommes à la conscience peu éclairée qui, de la main droite, dotaient une abbaye et de la main gauche en pillaient une autre, c'est possible et nous en convenons volontiers. Mais le cas qui nous occupe est tout différent : c'est celui d'un officier du roi, s'emparant aujourd'hui d'un domaine placé hier, à sa demande, sous la protection, sous la sauvegarde de la puissance royale. Jusqu'à preuve du contraire, nous penserons que les faits de ce genre sont et doivent être très rares, non seulement à cause de la contradiction qu'ils impliquent, mais encore et surtout en raison du châtiment auquel se seraient exposés les officiers, simples fonctionnaires, qui auraient ainsi méconnu et bravé l'autorité du roi.

Dans l'espèce, ajouterons-nous, une telle audace est d'autant moins admissible que la défense de toucher aux biens de l'abbaye n'est pas seulement formulée par le roi d'une manière générale, mais qu'elle vise le comte de Troyes en particulier et personnellement « *ut nulli comitum Trecassinorum liceat ex eisdem rebus quicquam subtrahere vel minuere* »[2]. Cette mention formelle n'aurait pas sa

---

[1] *Op. cit.*, I, p. 61.

[2] Qu'il ne soit permis à aucun comte de Troyes de toucher au domaine de l'abbaye à *Siltiniacus* et de le diminuer, de l'amoindrir en quoi que ce soit.

raison d'être si elle n'était motivée par la conduite répréhensible d'un de nos comtes avant la rédaction du diplôme.

Du reste, lorsqu'en 859 les moines de Montier-la-Celle exposèrent leurs doléances à Charles le Chauve, ils n'auraient pas manqué de se prévaloir, à l'appui de leur requête, de la confirmation royale et d'insister sur le fait que les droits de la couronne n'avaient pas été mieux respectés que les leurs. C'était le meilleur argument à faire valoir, le moyen le plus efficace de gagner le roi à leur cause, qui serait ainsi devenue la sienne propre. Ils ne l'ont pas fait, ils n'ont pas suivi cette tactique élémentaire, ils sont demeurés muets, complètement muets sur la confirmation royale et c'est là, croyons-nous, une preuve évidente qu'elle n'avait pas encore eu lieu à cette date.

Il est donc moralement certain que la spoliation a été antérieure à la confirmation royale et qu'Aleran, bienfaiteur et avocat de Montier-la-Celle auprès du roi, n'est pas le même personnage qu'Aleran spoliateur de la dite abbaye.

Est-ce en qualité de comte de Troyes qu'Aleran II est intervenu dans l'acte de 859-875 ? « La chose est des plus vraisemblables, répond M. F. Lot, mais elle n'est pas absolument nécessaire. Aleran, « illustre comte et ministériel » bien en cour, pouvait être sollicité par les moines. Toutefois, il reste une grande probabilité que Aleran II a été un moment, entre 859 et 875, comte de Troiesin. Et sur cette probabilité nous pouvons fonder l'hypothèse plausible qu'il était fils d'Aleran Ier. »

Cherchant à quelle date, de 859 à 875, Aleran II a pu posséder le comté de Troyes, M. F. Lot pense, sans toutefois l'affirmer d'une manière absolue, que ce fut de 866 à 871, et voici, selon lui, quelle aurait été, au IXe siècle, la succession de nos comtes :

Aleran Ier eut pour successeur, en 852, le comte Eudes,

fils de Guillaume, comte de Blois[1] et frère de Robert le Fort. Eudes ayant trempé dans la conjuration de 858, fut, l'année suivante, dépouillé de ses honneurs par Charles le Chauve. Le Troiesin fut alors donné à Raoul [2], oncle du roi. Raoul mourut le 6 janvier 866. Il est possible que Troyes ait alors passé à Aleran II, que l'on peut supposer fils d'Aleran Ier. Mais, dès 871, Aleran était employé au Palais, ou comte de Mâcon. Dans les dernières années du règne de Charles le Chauve, le Troiesin fut donné au duc Boson, beau-frère du souverain, puis à Robert, fils du comte Eudes de Troyes, lequel le conserva du 25 octobre 877 jusqu'à sa mort, survenue en février 886. Si Aleran II a été comte de Troyes, c'est donc dans la courte période qui s'étend de 866 à 871.

Avant d'aller plus loin, et afin de rendre plus intelligible la discussion qui va suivre, il nous paraît utile de résumer en quelques lignes, d'après M. R. Merlet, cette conjuration de 858 dont parle M. F. Lot et dont nous n'avons pas

---

[1] La filiation d'Eudes et de Robert le Fort, donnée comme très probable, sinon comme absolument certaine, par M. A. de Barthélemy (*Origines de la maison de France*), puis par M. R. Merlet (*Origine de Robert le Fort*, dans les *Mélanges J. Havet*, p. 97-109), a été contestée par M. Ed. Favre. « Guillaume, comte de Blois, dit-il, était frère d'Eudes, comte d'Orléans; ce dernier avait une fille Irmintrude, qui, en 842, épousa Charles le Chauve (Dümmler, *Geschichte des ostfränkischen Reichs*, t. I, p. 187, n° 6). Si donc Robert le Fort avait été le fils de Guillaume de Blois, il aurait été neveu d'Eudes d'Orléans et cousin de Charles le Chauve. Cette hypothèse est condamnée par Foulques qui qualifie Eudes (fils de Robert le Fort) de *ab stirpe regia alienus*. (Flodoard, *Chronicon*, l. IV, c. 5, p. 563) » (Ed. Favre *ouv. cit.*, p. 200 et 246.)

La condamnation de l'hypothèse n'est pas le fait de Foulques, mais celui de M. Ed. Favre. Elle est, d'ailleurs, très faiblement motivée et il y a lieu d'en appeler. M. Favre, en effet, n'a pu la prononcer qu'en donnant au mot *stirpe* une signification qu'il n'a pas, ou si l'on aime mieux, en groupant sous ce terme les alliés aussi bien que les parents, confusion que rien n'autorise.

On naît de race royale; on ne devient pas tel par le seul fait qu'une parente a épousé un roi. Le mariage de sa cousine Irmintrude n'a donc pas modifié la condition, la race de Robert le Fort; le lien qui en résulta, entre lui et Charles le Chauve personnellement, fut un simple lien d'affinité; il était *ab stirpe regia alienus* avant ce mariage, il le resta après; son fils Eudes le fut comme lui et on ne saurait arguer de cette qualification donnée au fils contre l'origine attribuée au père.

[2] Fils de Welf de Bavière, frère de l'impératrice Judith, abbé laïque de Jumièges et de Saint-Riquier.

trouvé trace dans l'*Histoire des Comtes de Champagne*.

Elle eut, paraît-il, deux causes principales : l'atteinte portée à la suprématie de Robert le Fort par la création du duché du Maine en faveur de Louis, fils de Charles le Chauve, et la mystérieuse, l'inexplicable inaction du roi vis-à-vis des Normands, qui, de 855 à 858, ravagèrent les rives de la Loire, dévastèrent celles de la Seine, pillèrent Angers, Tours et Blois, villes comtales de Robert, et brûlèrent Paris, sans que Charles le Chauve opposât à leurs ravages une résistance sérieuse[1].

Ce fut dans les premiers mois de l'année 858 que Robert le Fort, justement indigné de cette apathie, leva le drapeau de la révolte et chassa du Maine le prince Louis, son rival, qui dut se réfugier près du roi son père.

Tout d'abord le comte de Troyes, Eudes, frère de Robert le Fort, garda la neutralité ; mais, lorsqu'au mois de juin les pirates du nord mirent à feu et à sang sa ville de Chartres, il fit cause commune avec son frère contre le roi fainéant, qui laissait s'accomplir impunément de semblables horreurs et, accompagné d'Adalart, abbé de Saint-Bertin, il se rendit près du roi de Bavière, Louis le Germanique, frère de Charles le Chauve, le suppliant d'intervenir et de délivrer le peuple de Gaule, si mal défendu par son souverain.

Déjà mal disposé pour son frère, Louis le Germanique céda volontiers aux instances d'Eudes de Troyes et d'Adalart. Il passa le Rhin et, dès le 1er septembre, il était à Ponthion[2] avec son armée. Charles le Chauve, plus actif contre son frère que contre les Normands, s'avança jusqu'à Brienne[3] pour le combattre et lui barrer le passage, mais, chaque

---

[1] Dans cette période, Charles le Chauve n'a guère à son actif que deux engagements contre les Normands : l'un où il eut l'avantage, en 855, et l'autre où il fut battu, dans l'île d'Oissel, en 858. Par contre, il traita avec eux en 845, en 852 et en 858, et il acheta au poids de l'or leur retraite, qu'il savait fort bien ne devoir être que momentanée.

[2] Marne, arr. de Vitry-le-François, cant. de Thiéblemont.

[3] Aube, arr. de Bar-sur-Aube, chef-lieu de canton.

jour lui apportant la nouvelle de la défection de quelqu'un des siens, il n'osa pas engager la bataille et se retira en Bourgogne, où les grands lui étaient demeurés fidèles (12 novembre 858). Maître du pays, Louis le Germanique se rendit à Troyes, où il distribua aux révoltés, dont il soutenait la cause, les comtés, les monastères et les domaines royaux, devenus les siens par droit de conquête. Son triomphe, qui paraissait définitif, devait être de courte durée. Une réaction, provoquée par le haut clergé, sous l'inspiration de l'archevêque de Reims Hincmar, ne tarda pas à se produire en faveur du roi légitime. Moins de trois mois après la retraite de Brienne, Charles le Chauve rentra victorieux dans les provinces occupées par son frère et le força à repasser en Germanie (janvier ou février 859).

Privés de ce puissant auxiliaire, Robert le Fort et Eudes n'en continuèrent pas moins la lutte. Nous en avons pour preuve la lettre comminatoire que Charles le Chauve leur fit adresser en juin 859 par le concile de Savonnières près Toul. L'excommunication dont on les menaçait ne leur fit pas déposer les armes, ce fut seulement en 861 qu'ils se soumirent, lorsque, réconcilié avec Louis le Germanique, Charles le Chauve eut pris l'engagement de laisser aux révoltés toutes leurs terres allodiales, de leur rendre, dès qu'elles deviendraient vacantes, celles de leurs charges dont il avait disposé, et de leur conférer d'autres honneurs en échange de ceux qu'ils avaient perdus[1].

Ces préliminaires étant posés, examinons le degré de probabilité que peut avoir l'opinion de M. F. Lot.

Dans son ensemble, la liste chronologique des comtes de Troyes, qu'il nous présente, concorde avec les données de la savante étude de M. René Merlet ; elle n'en diffère guère que sur deux points, mais l'un de ces points est précisément celui actuellement en cause et qui nous intéresse le plus :

---

[1] R. Merlet. *ouv. cit.*, p. 40 et suiv.

la possession du comté de Troyes par Aleran II. Cette possession, loin de la mentionner comme certaine ou comme probable, M. R. Merlet ne semble pas même en admettre la possibilité, puisqu'il n'y fait pas la moindre allusion. Au comte Raoul, il donne comme successeur certain, non pas Aleran II, mais Eudes, rentré dans les bonnes grâces de Charles le Chauve et investi, pour la seconde fois, du comté de Troyes.

Visiblement gêné par cette divergence et ennuyé de fausser compagnie à un érudit avec lequel il marche ordinairement d'accord, M. F. Lot essaie, en passant, et dans une simple note, une réfutation de l'opinion contraire à la sienne, réfutation que nous voudrions, sinon plus longue, du moins plus concluante.

« M. R. Merlet, dit-il, suppose qu'Eudes, rentré en grâce depuis 861, recouvra le comté de Troyes. Il invoque à l'appui de cette hypothèse que ses fils furent successivement comtes de Troyes. La raison n'est pas suffisante. Des textes relevés par cet érudit (p. 56-60) il appert, au contraire, que de 866 à 871, date de sa mort, Eudes fut *missus* dans la Haute-Bourgogne, dans les comtés d'Oscheret, Atuyer, Mâconnais. »

L'objection nous paraît faible ; le fait invoqué n'a pas, croyons-nous, la force probante qu'on lui suppose ; l'argument qu'on en tire ne serait concluant que si l'incompatibilité entre les fonctions de *comes* et celles de *missus* était évidente ou démontrée. Or, ici, cette incompatibilité est simplement présumée ; c'est une lacune sur laquelle nous nous permettons d'appeler l'attention de M. F. Lot.

Nous irons plus loin et nous dirons que si l'incompatibilité présumée peut paraître plausible *a priori*, elle cesse de l'être et devient caduque, mise en présence des faits, tels qu'ils sont relatés dans des documents de l'époque. Le différend qui s'éleva de 866 à 871 entre l'archevêque de Bourges Vulfrad et le comte Eccard, au sujet de la villa de

Perrecy[1], va nous en fournir une preuve. Ce différend fut porté devant l'*évêque* d'Autun, Leudo, et le *comte* Adalart, qui, comme *missi dominici*, tenaient un plaid dans le village de Mont[2]. Un des témoins produits par les parties affirma qu'on avait déjà eu recours au *comte* Eudes pour juger l'affaire, ajoutant qu'il ignorait ce qui en était advenu, c'est-à-dire quelle avait été la décision du juge. *Deindè audivit quod venit ad Odono Comiti pro ipsa ratione, sed nesciebat quod inde fecit*[3].

Il résulte de ce document que les fonctions des *missi* étant essentiellement temporaires, un évêque et un comte pouvaient fort bien être choisis comme tels, sans, pour cela, renoncer à leur évêché ou à leur comté. Du reste, pourquoi Eudes n'aurait-il pas pu être en même temps *missus* en Bourgogne et comte de Troyes, puisqu'il était simultanément comte de Troyes et de Châteaudun ? La distance n'est pas sensiblement différente ; elle ne saurait donc constituer un obstacle dans un cas plutôt que dans l'autre. Si son titre de comte de Troyes avait pu créer une incompatibilité, c'eût été avec les fonctions permanentes de comte de Châteaudun, plutôt qu'avec celles purement transitoires de *missus dominicus*[4].

La possession du comté de Troyes par ses deux fils n'est pas d'ailleurs la seule raison qui autorise à penser qu'Eudes rentra en jouissance de ce comté à la mort de Raoul. Il en est une autre, plus sérieuse, que M. R. Merlet n'avait pas à reproduire dans la note visée, sous peine de tomber dans une répétition, et que M. F. Lot, à notre grand étonnement, passe complètement sous silence. La voici : Déses-

---

[1] Perrecy-les-Forges, Saône-et-Loire, arr. de Charolles, cant. de Toulon-sur-Arroux.

[2] Saône-et-Loire, arr. de Charolles, cant. de Bourbon-Lancy.

[3] Pérard, *Recueil de pièces curieuses servant à l'histoire de Bourgogne*, p. 33 ; cité par R. Merlet, *op. cit.*, p. 57.

[4] Voir plus haut la note sur la pluralité des fonctions confiées à un même officier.

pérant de vaincre par les armes l'insurrection dont nous venons de parler et dont Robert le Fort et Eudes étaient les chefs principaux, Charles le Chauve résolut de ramener à lui les révoltés par des promesses, des concessions, des témoignages de bienveillance, en un mot, en faisant miroiter à leurs yeux toutes les réparations que comporte, en pareil cas, une amnistie plénière. Au mois de juin 860 il s'était engagé, par le traité de Coblentz, à leur restituer toutes leurs terres allodiales ; en 861 il fit mieux encore et promit que les charges, dont il les avait dépossédés, leur seraient rendues au fur et à mesure qu'elles deviendraient vacantes, d'autres honneurs devant d'ailleurs compenser le retard et les dédommager de l'attente[1]. Or, le comté de Troyes, enlevé à Eudes en 859 et donné à l'oncle du roi, Raoul, devint vacant en 866 par la mort subite de ce dernier. N'est-il pas naturel, n'est-il pas logique de conclure qu'il fit alors retour à Eudes, de plein droit et par la force même des conventions ?

Nous nous rangeons donc sans la moindre hésitation à l'opinion de M. R. Merlet et nous estimons qu'il y a lieu de rayer Aleran II de la liste des comtes de Troyes, liste sur laquelle la *Gallia Christiana,* Courtalon et M. Ed. Favre[2] lui ont donné place bien avant M. F. Lot.

***

Aleran II n'est point passé inaperçu pour M. d'Arbois de Jubainville. S'il refuse de l'admettre comme comte de Troyes, il en fait, comme M. de Kalckstein, un comte de Vexin. Il nous le montre combattant vaillamment sous les ordres d'Eudes, comte de Paris, pour la défense de cette ville, et

---

1 R. Merlet, *ouv. cit.*, 47-48.

2 M. Ed. Favre a adopté la forme *Audran.* Il fait succéder Audran II à Eudes de Troyes, le croit fils d'Audran Ier et donne comme probable que Théoderade, femme d'Eudes, comte de Paris, puis roi de France, était sa fille (*ouv. cit.*, p. 202-203).

il croit pouvoir l'identifier à l'abbé de Saint-Loup de Troyes, Alédrin [1], qui, en 890 ou 891, autorisa le transfert de l'abbaye dans l'intérieur de la ville. Cet abbé, dit-il, n'était pas un moine, c'était un séculier et un laïc, un de ces grands seigneurs qui se faisaient donner par les rois ou qui usurpaient les biens de l'Eglise [2].

A première vue, l'identification paraît risquée ; on ne voit aucun lien qui relie le Vexin au Troiesin, et on est naturellement porté à se demander : comment un comte de Vexin a-t-il pu devenir abbé de Saint-Loup? N'est-ce pas là une assertion d'autant plus invraisemblable qu'à partir de la mort d'Alcuin (19 mai 804), les comtes de Troyes avaient usurpé le titre d'abbé de Saint-Loup, titre qui n'était pas purement honorifique et auquel, par conséquent, ils devaient tenir comme on tient à une source abondante de revenus?

La difficulté, bien que réelle, n'est peut-être pas insoluble si l'on considère que, par suite de sa révolte, Eudes dut être dépossédé de l'abbaye de Saint-Loup aussi bien que du comté de Troyes. Or, cette dépossession étant admise, rien n'empêche de penser qu'en même temps qu'il donnait le comté à son oncle Raoul, Charles le Chauve donna l'abbaye à son fidèle Aleran. La charte de 891, sur laquelle s'appuie M. d'Arbois de Jubainville, donnerait même à cette hypothèse une certaine probabilité.

Les deux donations étant viagères, Eudes n'aurait pas recouvré en même temps le comté et l'abbaye, qui auraient eu deux titulaires différents : Raoul et Aleran II. Ce dernier aurait gardé l'abbaye jusqu'à l'an 900, puisque sa mort ne fut pas antérieure à cette date. C'est donc lui qui serait désigné comme comte-abbé de Saint-Loup dans le document de 891, et l'identification proposée par M. d'Arbois de Jubainville se trouverait ainsi justifiée.

---

[1] Diminutif et forme plus familière du nom *Aledramnus*.

[2] *Op. cit.*, I. 67-68.

Malheureusement, un fait vient brutalement démolir cet échafaudage péniblement construit : c'est que, antérieurement à 886, Robert, ministre palatin, était à la fois comte de Troyes et abbé de Saint-Loup [1]. Aleran II ne l'était donc plus, supposé qu'il l'ait jamais été.

Cette charte du 1er mars 891, sur laquelle jusqu'ici on n'a fait aucune réserve, doit-elle être attribuée au comte-abbé qui y est mentionné, et qui aurait été comte de Troyes, d'après la *Gallia christiana,* ou comte de Vexin, d'après M. d'Arbois de Jubainville? Ne serait-elle pas plutôt l'œuvre d'un abbé régulier de Saint-Loup, élu après la reconstruction de l'abbaye *intra muros,* les comtes de Troyes, touchés par les fléaux qui venaient de fondre sur la ville et sur le monastère, ayant momentanément renoncé à leur titre d'abbé? En un mot, l'auteur du document et le comte-abbé qu'il mentionne ne sont-ils réellement qu'un seul et unique personnage?

Trois raisons semblent autoriser à répondre négativement. D'abord, dans le protocole initial, *Adelerinus* se dit simplement abbé de Saint-Loup ; s'il avait eu en même temps le titre de comte de Troyes, ou de tout autre pays, il eût fait preuve d'une modestie peu commune, je dirai même inouïe, en s'abstenant de le prendre. Ensuite, rappelant comment le monastère a été transféré de la banlieue dans l'intérieur de la ville, il dit que cela s'est fait du consentement de l'évêque de Troyes, Bodon, et de celui d'*Adelelinus,* illustre comte et abbé de Saint-Loup : *Consensu Bodonis XXXIX episcopi Trecorum et Adelelini illustris comitis et abbatis S. Lupi,* Se qualifier ainsi soi-même serait passer brusquement d'un excès de modestie à un excès de vanité bien étrange. Il semble que s'il avait voulu parler de sa propre personne, *Adelerinus,* se conformant aux règles les plus élémentaires du style, aurait dit simplement, *du consentement de l'évêque Bodon et du nôtre.* Enfin, Adelerinus déclare accorder la

---

[1] A. Giry, *ouv. cit.*, p. 189.

charte aux Religieux de Saint-Loup, afin d'assurer leurs droits sur le nouveau monastère et de le mettre à l'abri de toute atteinte, soit de la part des abbés, soit de la part des comtes. La disjonctive *aut* semble indiquer que le titre d'abbé et celui de comte n'étaient plus réunis sur la même tête, au moment où *Adelerinus* écrivait.

Si, passant par dessus les difficultés que je viens d'exposer, on persiste à croire que la lettre est l'œuvre du comte-abbé dont elle fait mention, c'est à Alleaume et non pas à Aleran II qu'il convient de l'attribuer, d'abord parce que, comme on le verra plus loin, Alleaume fut comte de Troyes de 886 à 893 et au delà, puis, parce que la raison philologique sur laquelle M. d'Arbois de Jubainville appuie son identification n'est pas de celles qui s'imposent. Dans le texte, tel qu'il le reproduit d'après Camuzat, le nom en litige a pris trois formes différentes : *Adelerinus,* dans le protocole initial ; *Adelelinus,* dans le cours de la lettre, et *Andelelinus* dans la suscription. Ces trois formes se réduisent à une seule : *Adelelmus,* dans le texte donné par l'abbé Lalore, et cette forme paraît la vraie puisque, vérification faite, elle est celle de l'évangéliaire de l'abbaye de Saint-Loup, manuscrit de la Bibliothèque de Troyes, inscrit sous le numéro 2275, et remontant au xiie siècle. Or, *Adelelmus* se traduit généralement par *Alleaume*. Je ne vois pas d'ailleurs comment on peut établir philologiquement que les noms *Adelerinus, Adelelinus* et *Andelelinus* sont des diminutifs familiers d'*Aledramnus*. Aleran II n'a donc rien de commun avec la charte, s'il n'est pas le même personnage qu'Alleaume.

∴

Aleran n'ayant certainement pas succédé à Eudes Ier, et ce dernier ayant gardé jusqu'en 871, date de sa mort, le comté qu'il avait recouvré en 866, quel fut son successeur et qui devons-nous inscrire après lui ? Boson, répond

M. R. Merlet, dont M. F. Lot se fait ici l'écho très fidèle, et voici comment, d'après lui, Boson fut promu à cette dignité.

De sa femme, Guandilmode, qui le précéda dans la tombe, Eudes Ier avait eu deux fils : Eudes et Robert. Tous deux étaient encore mineurs à la mort de leur père, de sorte qu'ils ne purent, ni l'un ni l'autre, prendre immédiatement en main l'administration des comtés de Troyes et de Châteaudun. Il fallut recourir à des suppléants, et c'est ainsi que Boson fut alors chargé d'administrer le comté de Troyes.

Comme MM. Merlet et Lot, notre Courtalon a fait de Boson un comte de Troyes, mais M. d'Arbois de Jubainville lui a refusé ce titre, et c'est, croyons-nous, avec raison, bien que le refus du savant historien soit faiblement motivé et qu'il paraisse provenir uniquement d'un malentendu, d'une confusion dont nous parlerons plus loin. En effet, Boson, de l'aveu même de M. R. Merlet, ne posséda pas réellement le comté de Troyes, il en fut simplement l'administrateur au nom d'Eudes II, sinon comme tuteur, du moins, comme agent, comme représentant ou *vice comes*. Rigoureusement parlant, il ne doit donc pas être admis sur la liste des comtes de Troyes, et il faut donner comme successeur immédiat à Eudes Ier, son fils aîné, Eudes II, dont M. F. Lot ne parle pas, sans d'ailleurs indiquer le motif de cette omission.

Le dernier acte de Boson, comme administrateur du comté, est daté du 29 mars 877 ; il obtint alors de Charles le Chauve, en faveur de l'abbaye de Montier-la-Celle, la forêt de Jeugny [1] et deux manses et demi à Lirey [2].

Au mois d'octobre suivant, Eudes II, agissant personnellement en qualité de comte de Troyes, investit son

---

[1] Aube. arr. de Troyes, cant. de Bouilly. — Cf. dom Bouquet, VIII, 659. R. Merlet, *op. cit.*, p. 60-61.

[2] Aube, arr. de Troyes, cant. de Bouilly.

frère Robert du village de Chaource, que l'empereur, sur la prière de sa femme Richilde, sœur du duc Boson, venait de donner à Robert [1].

Vers 880, lorsqu'il fut rentré en possession du Dunois et du Chartrain, qui lui avaient été enlevés par les fils de Geoffroy, comte du Maine, Eudes II céda le comté de Troyes à son frère, qui est mentionné comme comte de Troyes dès le 17 novembre 882 [2]. Marié à Gisla, sœur des rois Louis et Carloman, Robert devint bientôt ministre palatin; « il portait ce titre quand il donna, à l'abbaye de Montiéramey, sa villa de Chaource [3]. Sa fortune était donc à son comble lorsqu'il périt, à la fleur de l'âge, dans un combat contre les Normands ».

« Tout le monde, dit M. René Merlet, connaît la lutte mémorable que les Parisiens soutinrent, en 886, contre les pirates Danois. Cette lutte a été curieusement racontée par le poète Abbon, moine de Saint-Germain-des-Prés, et témoin oculaire des diverses péripéties de cet épisode des guerres normandes. Dans son poème, Abbon nous a conservé le souvenir des deux frères Eudes et Robert de Troyes, et les a peints sous le jour le plus favorable.

« Le siège de Paris, par les Normands, commença au mois de novembre 885, et ne fut levé qu'au mois de novembre 886. On sait avec quelle énergie se défendirent les Parisiens, sous la conduite de leur comte Eudes, fils de Robert le Fort [4]. Aussi, après plusieurs assauts infructueux, un grand nombre d'assaillants se décidèrent-ils, en février 886, à s'éloigner des murs de Paris. Ils se répandirent

---

[1] De là est venu sans doute le nom de *Metz-Robert* donné à un village voisin de Chaource. C'est l'opinion très plausible de M. Boutiot, qui a été moins bien inspiré quand il a fait du comte Eudes un fils de Charles le Chauve. (Ch. Boutiot : *Hist. de la ville de Troyes*, I, 133).

[2] Cf. Giry : *Etudes Carolingiennes*, dans *Etudes d'histoire du moyen âge dédiées à G. Monod*, p. 131.

[3] Giry, *ouv. cit.* p. 129.

[4] Cousin germain par conséquent d'Eudes II et de Robert de Troyes.

dans les contrées voisines pour s'y livrer au pillage. Le pays de Troyes fut le but d'une de leurs premières expéditions; d'après Abbon, aucun Normand n'y avait encore pénétré. C'est alors que le jeune comte Robert, surpris par une troupe de pirates, trouva la mort dans sa propre maison. Voici comment le poète Abbon raconte l'événement :

« Les Normands montent sur leurs coursiers plus rapides que l'oiseau, et se dirigent vers les contrées qui restaient seules à la triste France, encore exemptes de ravages. Ils détruisent toutes les habitations dont les maîtres ont fui devant eux, et attaquent celle de l'illustre Robert, surnommé le Porte-Carquois (*Pharetratus*). Un seul chevalier était avec lui pour le servir ; une seule maison les renfermait tous deux. — Je vois, dit le chevalier à son seigneur, je vois des Normands accourir à grands pas. — Robert veut prendre son bouclier, mais il ne le voit plus ; sa troupe l'avait emporté en allant, par ses ordres, à la découverte des Danois. Cependant, il s'élance sur eux, l'épée nue, en perce deux, et lui-même succombe à la mort le troisième, car personne ne vint à son secours. Son neveu Alleaume était alors avec la troupe de ce comte ; grandement attristé, il s'écrie : « Allons, braves guerriers, prenez vos boucliers et vos armes, et courons venger la mort de mon oncle. » Il dit et marche sur la villa, attaque les infâmes brigands, les bat, les massacre et remplit toute l'habitation de leurs corps expirants[1] » (février 886).

D'après M. Ed. Favre, cet épisode aurait eu lieu, non pas dans la région troyenne, mais autour de Paris, où plusieurs bandes normandes restèrent campées, tandis que d'autres se dirigeaient vers les parties orientales de la France non encore dévastées, notamment du côté de Reims. Si le *pagus Tricassinus* doit être compris dans ces « parties orientales »,

---

[1] Abbon, livre I, vers 438-460, traduct. Taranne, 129-131.

les Normands n'y firent alors qu'une courte apparition. Ce fut seulement après la déposition de Charles le Gros (novembre 887) que, quittant leur camp de Chessy, près Lagny, en aval de Meaux, ils se dirigèrent sur Troyes qu'ils brûlèrent [1].

Il y a donc lieu, pour cet incendie de Troyes, de modifier la date 889, donnée par MM. Lalore et d'Arbois de Jubainville, et de le placer, soit en décembre 887, soit au commencement de l'année 888.

Puisque nous sommes aux corrections, je signalerai une autre inexactitude plus grave et plus surprenante, qui se trouve dans l'Introduction au *Cartulaire de l'abbaye de Saint-Loup.*

« Les pillards remontent la Seine en 889, dit M. Lalore, et arrivent aux portes de Troyes.... Raginaire, trésorier de Saint-Loup et ses religieux transportent en toute hâte *intra muros* le corps de leur glorieux patron, afin de le soustraire à une profanation sacrilège. L'abbaye et la ville furent saccagées et livrées aux flammes. L'ennemi s'étant retiré, pendant que les habitants de Troyes, devenus prudents un peu tard, travaillaient à fortifier les murailles et les portes de la ville, les religieux de Saint-Loup construisaient auprès de la cathédrale une nouvelle abbaye, avec l'agrément de Bodon, évêque de Troyes, et d'Adelelme, comte et abbé de Saint-Loup. C'est Adelelme lui-même qui rapporte ces faits dans une lettre écrite le 1er mars 890 ou 891 ; tous les ans, la lettre d'Adelelme, divisée en neuf leçons, était lue à l'office de la translation de Saint-Loup [2] ».

D'après la lettre d'Adelelme, reproduite par M. Lalore quelques pages plus loin, à la tête du Cartulaire, les choses se passèrent bien différemment. A l'approche des Normands, les moines, prenant sur leurs épaules la châsse renfermant le corps de saint Loup, la transportèrent, non pas *intra*

[1] Ed. Favre, *ouv. cit.*, pp. 45, 47, 106.

[2] *Cartul. de Saint-Loup*, Introduct., p. x.

muros, puisque, comme il est dit plus loin, la ville n'avait pas de murailles, mais en un lieu sûr qui n'est pas désigné : *glebam sancti viri suis humeris ad tuta detulere loca.* Sentant leur impuissance à résister, les habitants s'enfuirent de toutes parts, abandonnant la ville aux barbares qui la brûlèrent. Lorsque l'ennemi se fut retiré, les malheureux Troyens revinrent sur cette terre où tant de pieux souvenirs les rappelaient et comprenant, trop tard hélas ! la nécessité de fortifier leur cité, ils l'entourèrent de murailles, de tours et de portes[1]. En même temps les moines de Saint-Loup construisirent une église à l'abri de ces remparts, et, lorsque les travaux de fortification furent achevés, ils crurent pouvoir y déposer, en toute sécurité, les reliques de leur saint patron.

Il y eut donc deux translations des reliques de saint Loup : l'une, dans un lieu inconnu, dans les deux derniers mois de 887, ou au commencement de 888 ; l'autre, à Troyes, dans la nouvelle église de l'abbaye, en janvier ou février 891.

Le fait que la châsse fut portée sur les épaules des moines autorise à penser que le lieu sûr, qu'ils choisirent comme refuge, n'était pas très éloigné de la ville et je suis porté à voir dans ces *loca tuta* la forteresse de Chappes[2], village très ancien, à cinq lieues de Troyes.

Deux raisons rendent mon hypothèse au moins vraisemblable et semblent même lui donner une probabilité scientifique.

D'abord un passage, jusqu'ici non compris, de la lettre de Loup, abbé de Ferrières, à l'évêque de Troyes Folchricus, nous apprend qu'il s'était formé à Chappes, dès 862, un entrepôt où les marchands trouvaient un refuge offrant de sérieuses garanties contre les déprédations des barbares du

---

[1] Urbem, quam *nudum* dimiserant, necessitate cogente, licet sero, muris et turribus et seris obfirmaverunt.

[2] Aube, arr. et cant. de Bar-sur-Seine.

Nord[1]. Cette place forte devait offrir aux moines, pour leurs reliques, la même sécurité qu'aux marchands pour leurs denrées. Il semble donc très naturel que les religieux de Saint-Loup y aient porté le plus précieux de leurs trésors.

En outre, nous voyons à cette époque, ou peu après, les châtelains de Chappes (*castellani*) devenir abbés de Saint-Loup à la place des Comtes de Troyes, et on a vainement cherché jusqu'à ce jour quelle a pu être la raison de cette substitution. Dans notre hypothèse, cette raison se présente d'elle-même à l'esprit : c'est la reconnaissance ou la rémunération pour le service rendu à l'abbaye par le seigneur de Chappes, lorsqu'il a pris en garde, dans sa forteresse, le corps de saint Loup. On voit le lien qui rattache l'abbaye au château de Chappes et on a, dès lors, une explication très plausible d'un fait resté jusqu'ici mystérieux.

Robert étant mort sans enfants, le comté de Troyes aurait dû, semble-t-il, faire retour à son frère Eudes II, qui le lui avait donné, et cependant Robert eut pour successeur son neveu Alleaume qui, comme nous venons de le relater, avait si bien vengé sa mort. M. R. Merlet explique cette irrégularité en disant que le comte Eudes II était alors occupé à repousser les Normands du Chartrain et que le pays de Troyes ne pouvait, en ces circonstances, demeurer sans défenseur. La raison ne paraît pas décisive ; car on pouvait très bien, semble-t-il, défendre le comté sans en être possesseur. Mais passons.

Alleaume épousa Ermengarde. Il est à présumer qu'il fut investi de la dignité comtale bien avant de recueillir la succession de son oncle et que c'est lui qui figure sous le nom d'*Adalelm* parmi les comtes de la région de la Seine, qui assistèrent à l'assemblée de Quierzy-sur-Oise, en juin 877 [2].

---

[1] A. Giry, *Sedem negotiatorum Cappas*, dans *ouv. cit.*, p. 119.

[2] Art. 15 du Capitulaire.— Cf. Emile Bourgeois, *L'Assemblée de Quierzy-sur-Oise* dans *Etudes d'histoire du moyen âge...*, p. 140.

Il est encore mentionné comme comte de Troyes en 893, au mois de février, date à laquelle il confirma l'abbaye de Montiéramey dans la possession de Chaource, donné au monastère par son oncle[1]. Nous ne saurions dire s'il vécut longtemps encore; pendant plus de trente ans les documents sont muets sur le comte de Troyes, et Richard, successeur d'Alleaume, n'y apparaît qu'en 926.

D'après cet exposé, la série des comtes de Troyes au IXe siècle serait celle ci : Aleran (851-852), Eudes Ier (852-859), Raoul (859-866), Eudes Ier pour la seconde fois (866-871), Eudes II, par Boson (871-877), Eudes II personnellement (877-881), Robert (881-886), Alleaume (886-893 et au-delà).

Cette liste est bien différente de celle donnée par M. d'Arbois de Jubainville, qui, de 814 à 923, ne mentionne que trois comtes de Troyes : Aleran de 814 à 854, Eudes de France, fils de Robert-le-Fort, de 854 à 878, et Robert II de France de 878 à 923.

La différence provient surtout de ce que, par suite de la similitude des noms, M. d'Arbois de Jubainville aurait confondu Eudes II et Robert, fils du comte Eudes de Troyes, avec leurs cousins germains Eudes de France et Robert II de France, fils de Robert le Fort. Relevée par MM. René Merlet et A. Giry, cette confusion avait été signalée, dès 1873, par M. Anatole de Barthélemy, dans une étude ayant pour titre *Les origines de la Maison de France*[2]. D'autre part, M. Ed. Favre a combattu, par des raisons très sérieuses, l'opinion d'après laquelle le futur roi de France, Eudes, aurait été comte de Troyes et aurait cédé le comté à son frère Robert, lorsqu'il devint comte de Paris[3].

---

1 Giry, *liv. cit.*, p. 153.

2 *Revue des quest. hist.*, ann. 1873, 1er semestre, p. 124.

3 Ed. Favre : *Eudes, comte de Paris et roi de France*, appendice premier, dans *Bibliothèque de l'École des Hautes Études*, 99e fascicule, p. 204-206.

Ces critiques n'ont certainement pas échappé à M. d'Arbois de Jubainville et le silence qu'il a gardé autorise à penser qu'il en a reconnu la justesse et qu'il s'est rangé à l'opinion de ses contradicteurs.

Quoi qu'il en soit, les travaux d'érudition publiés depuis 1859, date à laquelle remonte le premier volume de l'*Histoire des Ducs et Comtes de Champagne,* complètent et modifient sur plusieurs points la partie de cette œuvre magistrale consacrée aux comtes de Troyes du IXe siècle. L'étude de M. F. Lot fournissait l'occasion de résumer, de grouper ces modifications et ces additions. J'ai pensé faire œuvre utile en saisissant cette occasion et en exposant à la Société Académique l'état actuel de la question [1]. Revenons maintenant au poème d'Aye d'Avignon.

---

[1] Depuis la remise de mon manuscrit au Comité de publication, j'ai trouvé dans le tome II des *Documents relatifs au comté de Champagne et de Brie,* publié par M. Longnon en 1904, la note suivante que je suis heureux de pouvoir reproduire et sur l'importance de laquelle il serait superflu d'insister, étant donnée l'autorité universellement reconnue de son auteur :

« La suite des comtes de Troyes aux IXe et Xe siècles est aujourd'hui mieux connue qu'elle ne l'était en 1859, quand parut le tome I de mon savant confrère M. d'Arbois de Jubainville. Je crois devoir la donner ici, telle qu'elle résulte d'une leçon professée par moi au Collège de France le 6 février 1901 :

« Aleran, mentionné en 837, n'existait plus le 25 avril 854.

« Eudes Ier figure à titre de comte de Troyes en un acte du 25 avril 854 et paraît avoir été dépouillé de ses honneurs en janvier 859.

« Raoul, oncle maternel de Charles le Chauve, agit en qualité de comte de Troyes en 863 et 864. Il mourut le 6 janvier 866.

« Eudes Ier semble être rentré en possession du comté de Troyes après la mort de Raoul. Il serait mort le 10 août 871.

« Boson, qui devint plus tard roi de Provence, aurait reçu le comté de Troyes en garde après la mort d'Eudes Ier. Le 29 mars 877, un diplôme impérial est accordé à l'abbaye de Montier-la-Celle *ad petitionem insignis ducis, nostrique ministerialis Bosonis.*

« Eudes II, fils d'Eudes Ier, agit, le 25 octobre 877, à titre de comte de Troyes.

« Robert Ier, frère d'Eudes II, était comte de Troyes dès 877. Epoux de Gile, sœur de Louis III et de Carloman, il perdit sa femme antérieurement à 884 et fut tué en 886 par les Normands.

« Aleaume, neveu de Robert Ier, lui succéda sans doute dès 886. Il est mentionné à titre de comte de Troyes en 893.

« Garnier, vicomte de Sens, qui périt en 925 sous les coups des Normands, à

Deux personnages ayant porté le nom d'Aleran, lequel faut-il reconnaître dans le « quens de Troiesin » du poème d'*Aye?* M. F. Lot estime qu'on ne saurait répondre à cette question d'une manière absolument probante; il croit cependant devoir donner la préférence à Aleran Ier, d'abord parce qu'il fut *certainement* comte de Troyes, tandis qu'Aleran II ne le fut que *vraisemblablement,* puis en raison de la plus longue durée de ses fonctions. Inutile d'ajouter qu'ayant cru devoir éliminer Aleran II comme comte de Troyes, nous souscrivons, en l'accentuant, à cette conclusion.

Reste à expliquer comment le nom d'Aleran a pu se conserver à travers quatre siècles environ et trouver place dans une composition contemporaine de Philippe-Auguste. M. F. Lot le fait ainsi : « Personne, je crois, n'aura l'idée que le poète qui, à la fin du XIIe siècle, a composé *Aye d'Avignon,* ait été fouiller les archives des monastères champenois pour en extraire le nom d'un comparse d'épopée. Le souvenir d'Aleran ne peut être dû qu'à une transmission orale, laquelle ne se conçoit pas ici sans le soutien d'un récit épique. Je ne dirai pas avec M. René Merlet[1] que l'épopée populaire chantait encore au XIIe siècle les exploits d'Aleran de Troyes. L'auteur d'*Aye d'Avignon* a emprunté ce nom à des poèmes aujourd'hui perdus où Aleran ne jouait qu'un rôle secondaire; autrement, il eût mis ce personnage en meilleure lumière[2]. Et au fond il n'a retenu ce

---

la bataille du mont de Chalaux, aurait gouverné à la fois le comté de Sens et celui de Troyes.

« Richard, fils de Garnier, figure comme comte de Troyes en un diplôme royal du 10 décembre 926. Il vivait encore en 931.

(Longnon : *Documents relatifs au comté de Champagne et de Brie,* t. II, 9, note; in-4°, Paris, Imprimerie nationale, 1904.)

[1] *Op. cit.*, 30, note 4.

[2] Il lui donne pour fils *Tarufel le Gascon* (p. 94), trait de pure fantaisie dont le but est de permettre à Savari de venger la mort de Huon, son cousin, tué par Aleran et en outre d'offrir une rime à *Gonfanon, Huon* et *Sablon*. (Note de M. Ferdinand Lot.)

nom que parce que le titre de « comte de Troiesin » offre une rime commode dans les laisses en *in*. Il n'est pas même assuré que, au IXe siècle, Aleran ait été le protagoniste d'un poème épique. Il méritait sans doute cet honneur par ses luttes contre les Sarrasins et le rebelle Guillaume. Mais, ce qui me paraît exclure cette hypothèse, c'est précisément son titre de *comte de Troiesin*. Cela implique qu'il est demeuré dans la mémoire populaire non comme marquis d'Espagne, mais comme comte champenois. Mais s'il n'est pas prouvé qu'Aleran ait été le héros d'un poème spécialement destiné à chanter ses propres exploits, il est certain qu'il a dû jouer un rôle important, quoique secondaire, dans un récit épique du IXe siècle. De ce récit perdu, par dix ou vingt intermédiaires peut-être, son souvenir est arrivé jusqu'à la fin du XIIe siècle, persistant ainsi près de quatre cents ans. En outre, si on accepte les hypothèses exposées plus haut, la composition de ce récit épique devrait se placer entre 837 environ et 844. A cette dernière date, en effet, Aleran cesse d'être comte de Troyes et devient comte de Barcelone et marquis d'Espagne.

« Ainsi, un nom de figurant, dans une composition contemporaine de Philippe-Auguste, nous permet d'attester l'existence d'un récit épique, inconnu d'ailleurs, composé vers la fin du règne de Louis le Pieux, ou au début de celui de Charles le Chauve. Au lecteur de juger si cette constatation excuse la trop longue étude paléontologique qu'il vient de parcourir[1]. »

Pour peu qu'ils soient familiarisés avec les choses du moyen-âge, tous les lecteurs jugeront, comme moi, que les études du genre de celle de M. Lot ne sont jamais trop longues et la Société Académique ne me désavouera certainement pas si j'ajoute que les Troyens, en particulier, apprécieront comme il convient cette savante contribution à l'histoire de leurs vieux comtes.

[1] *Romania*, avril 1904, p. 145-159.

De l'éloge très mérité et très sincère, je me permettrai cependant de passer, une fois encore, à la critique.

Le rapprochement de ces deux propositions: «*Aleran cesse d'être comte de Troyes en* 844 et *Aleran eut pour successeur en* 852 *le comte Eudes,* implique nécessairement que, dans la pensée de l'auteur, le comté de Troyes serait demeuré sans titulaire de 844 à 852, car autrement ces propositions seraient contradictoires, et M. F. Lot n'est pas homme à se contredire aussi formellement à quelques pages d'intervalle.

Cette vacance de huit ans paraît bien peu vraisemblable. De plus, si on l'admet, l'argumentation antérieure de M. F. Lot, basant la prolongation de l'existence d'Aleran Ier jusqu'au mois d'août 851 sur le fait que son successeur ne reçut l'investiture du comté de Troyes que postérieurement à cette date, pèche par la base. En effet, si Aleran n'a pas gardé le comté jusqu'à sa mort, l'investiture de son successeur, en 852, ne saurait prouver qu'il a vécu jusqu'à cette date. Mes réserves antérieures se trouvent donc pleinement confirmées.

Il résulte de ces observations que le récit épique du IXe siècle, dans lequel Aleran aurait joué un rôle secondaire, ne doit pas *nécessairement* se placer entre 837 et 844. Il peut fort bien être postérieur, et si on demande pourquoi, dans cette hypothèse, l'auteur a donné à son héros le titre modeste de comte de Troiesin, plutôt que celui plus ronflant de marquis d'Espagne ou de duc de Gothie et de Septimanie, M. F. Lot fournira lui-même la réponse: «c'est parce que le titre de comte de Troiesin offrait une rime commode dans les laisses en *in*.» C'est peut-être aussi parce que l'auteur étant lui-même du Troiesin a voulu, en bon Champenois, faire retomber sur son pays, plutôt que sur l'Espagne, quelques rayons de la gloire d'Aleran.

APPENDICE

M. A. Giry a publié, en 1896, sous le titre *Etudes carolingiennes*[1] plusieurs documents du IXe siècle et du commencement du Xe, relatifs à l'abbaye de Montiéramey.

Extraits du *Monasticon,* du tome XXXIX de la *Collection Baluze* et du tome XXII de la *Collection de Champagne* de la Bibliothèque nationale, ces documents sont une copie partielle du recueil désigné sous le nom de *Vieux Cartulaire,* qui a disparu, on ne sait comment, dans les dernières années du XVIe siècle. Pierre Pithou a eu ce recueil entre les mains ; il l'a mentionné, il l'a utilisé[2] et, étant données ses habitudes, il pourrait bien être, paraît-il, l'auteur responsable de sa disparition. Quoi qu'il en soit, les diplômes ou les chartes retrouvés par M. A. Giry, n'ayant été connus ni de l'abbé Lalore ni de M. d'Arbois de Jubainville, constituent un complément très précieux au *Cartulaire de Montiéramey* et à l'*Histoire des comtes de Champagne*. Et cependant, chose à peine croyable, et qu'il me coûte d'avouer, le travail de M. A. Giry est passé pour ainsi dire inaperçu dans le département qui a le plus d'intérêt à le connaître : le département de l'Aube. Depuis huit ans qu'il a paru, ce travail n'a pas obtenu la moindre mention à la Société Académique de l'Aube et le volume qui le renferme, avec d'autres études non moins remar-

---

[1] Dans *Etudes d'histoire du Moyen-Age dédiées à Gabriel Monod*, in-8°, 463 p. Paris, 1896.

[2] *Bref recueil des évêques de Troyes* dans *Coutumes de Troyes*, édition de 1609.

quables attend encore sa place à la Bibliothèque de la ville de Troyes. Il y a là une indifférence, une négligence qui ne sont pas à notre honneur et qu'il ne suffit pas de déplorer, mais qu'il convient de réparer dans la mesure du possible.

Le meilleur moyen serait incontestablement de reproduire *hic et nunc* tous les documents mis au jour par M. A. Giry. J'y ai songé tout d'abord ; mais les *Mémoires de la Société Académique,* à tort ou à raison, n'accordent aux vieux textes, même inédits, qu'une hospitalité très parcimonieuse ; puis, plusieurs de ces documents étant complètement étrangers aux comtes de Troyes, je sortirais, en les donnant, des limites qui me sont tracées par le titre même de cette étude. Me résignant à une réparation partielle, je n'extrairai donc du travail de M. Giry que les chartes émanant des Comtes de Troyes et que les diplômes dans lesquels ils sont mentionnés.

Telle est la raison d'être de cet appendice.

Charles le Chauve, à la prière de son oncle le comte Raoul, et de Rotfrid, abbé de Montiéramey, confirme à cette abbaye un privilège épiscopal. — 15 juillet 863, Compiègne.

Karolus, gratia Dei rex, etc. Notum sit omnibus, etc., quia carissimus avunculus noster, illustrisque comes Rodulfus ad nostram accedens serenitatem, una cum abbate cujusdam coenobii, quod prius Mansus Corbonis, nunc autem, immutato nomine, Nova Cella vocatur, in pago Tricassino, super fluvium Barse, in silva quæ Dervus vocatur, quæ ex ipsius comitatus jure legaliter cognoscitur attinere, quœque tempore Aladranni, fidelis quondam nostri comitis, per nostram licentiam ipsiusque assensum, a quodam reverendo presbitero Adremaro funditus extirpata et ad agriculturam initiata est, nomine Rotfrido, obtulit nostris obtutibus privilegium [1] ejusdem cellulœ episcoporum manibus roboratum, etc.

Signum Caroli gloriosissimi regis.

---

[1] Ce privilège n'est pas conservé.

Gauzlenus cancellarius ad vicem Hludovici recognovit et subscripsit.

Datum idus Julii, indictione XII, anno XXIV, regnante Karolo gloriosissimo rege[1]. Actum Compendio palatio. In Dei nomine feliciter. Amen.

A. Giry : *Etudes Carolingiennes*, dans *Etudes d'histoire du Moyen-Age*, dédiées à Gabriel Monod, p. 125, n° 5.

Sources : Copie d'A. Duchesne, Bibl. nat., *Coll. Baluze*, t. 39, fol. 236 v°. Copie du XVIIIe siècle, *ibid.*, *Collect. de Champagne*, t. 22, fol. 90.

Charles le Chauve, empereur, à la prière de sa femme Richilde[2], *concède à son fidèle Robert*[3] *le domaine de Chaource en Tonnerrois.* (Sans date.)

Karolus, gratia Dei imperator Augustus... Per deprecationem Richildis, carissimæ conjugis, quemdam fidelem nostrum, nomine Rotbertum, de quibusdam rebus nostrœ proprietatis honorare decrevimus, que sunt in comitatu Tornotrinse, hoc est in villa quœ vocatur Cadussia. Hanc igitur villam Caduciam cum omnibus ad eam pertinentibus rebus, prefato Rotberto concedimus et [de] nostro jure in jus et potestatem ipsius transfundimus. — S. Caroli, etc. — Richildis ambasciavit.

Cette charte doit être placée entre le 25 décembre 875 date du couronnement de Charles le Chauve comme empereur, et le 6 octobre 877 date de sa mort.

A. Giry, *ouv. cit.*, 127-128, n° 9.

Source : Copie d'André Duchesne, Bibl. nat., *Coll. Baluze*, t. 39, fol. 237 v.

Charles le Chauve, empereur, à la prière du comte Boson, duc d'Italie et « archiministre » du Palais, concède un diplôme à l'abbaye de Montiéramey. (Fragment sans date.)

Karolus... pro piissimo Augusto Hludovico genitore nostro et pro genitrice nostra Judith, obque animæ nostræ remedium, seu

---

[1] Il y a discordance entre les éléments de la date ; le 15 juillet de la 24e année du règne correspond à 863 ; mais la 12e indiction est celle de 864. (Note de A. Giry.)

[2] Sœur de Boson, comte de Vienne, épousée le 22 février 870.

[3] C'est probablement non pas le second fils de Robert le Fort, comme l'a conjecturé à tort M. d'Arbois, mais le comte Robert (Rotbertus Faretratus) qui fut tué à l'est de Paris, en février 886, dans un combat contre les Normands. Il semble avoir été fils du comte Eudes, mort en 871. (Note de M. A. Giry.)

dulcissimæ conjugis nostræ Richildis, per deprecationem Bosonis comitis, ducis Italiæ et sacri palatii nostri archiministri. — Boso comes ambasciavit.

Dates extrêmes : 876, février, date de la concession à Boson du duché de Lombardie, et 877, 6 octobre, date de la mort de Charles le Chauve.

A. Giry, *ouv. cit.*, p. 128, n° 11.

Source : copie d'A. Duchesne, Bibl. nat., *Collect. Baluze*, t. 39, fol. 237.

Robert, comte de Troyes, donne à l'abbaye de Montiéramey le domaine de Chaource en Tonnerrois (s. d.).

Venerabilis Rotbertus, minister palatinus et abbas beati Lupi necnon et sacræ virginis Genovefæ, dedit villam Caluciam quæ est sita in pago Tornetrinse ad monasterium Beati Petri.

Dates extrêmes : 878-886, février.

A. Giry, *ouv. cit.*, p. 129, n° 14.

Sources : Analyse d'André Duchesne, Bib. nat., *Collect. Baluze*, t. 39, fol. 237 v°, d'après le Cartul. perdu de Montiéramey. — Mention *Gallia Chris.*, t. XII, *Instrum.*, col. 551 à l'année 898.

Carloman, à la prière de Robert, comte de Troyes, concède à l'abbaye de Montiéramey des biens à Nogent [1] *et à Villy* [2], *auxquels le comte Robert ajoute un manse de l'Abbaye de Notre-Dame hors des murs* [3] *à Courcelles* [4] *et la moitié d'un champ nommé* Broilum, *dépendant du domaine dit* Cornus. (Diplôme perdu. Analyse.)

Karlomannus, interveniente inlustrissimo viro domino Rotberto, Trecassinensi comite, contulit res que sunt in villa nuncupata Noviango et Vidiliaco : in Novianto mansos III cum incolis eorum et de terra absa anciogas ducentas. Considerans quoque prædictus Rotbertus, venerabilis comes, periculum animæ suæ, addidit insuper mansum unum de abbatia S. Mariæ juxta civitatem, in villa quæ dicitur Corcella, cum incola suo, necnon et medietatem

---

[1] Probablement Nogent-sur-Aube, Aube, arr. d'Arcis-sur-Aube, cant. de Ramerupt.

[2] Villy-en-Trodes, Aube, arr. et cant. de Bar-sur-Seine.

[3] Détruite par les Normands à la fin du IXe siècle ; elle fut plus tard réunie à l'abbaye de Saint-Loup de Troyes. (Note de M. A. Giry.)

[4] Aube, comm. de Clérey, arr. de Troyes, cant. de Lusigny.

campi, qui vulgo dicitur Broilum, pertinentis ad villam quæ dicitur Cornus.

Dates extrêmes : 879, 11 avril. — 884, 12 décembre.

A. Giry, *ouv. cit.*, p. 130, n° 16.

Sources : Analyse d'A. Duchesne, Bibl. nat., *Collect. Baluze*, t. 39, fol. 237. Cf. *Cartul. de Montiéramey*, éd. Ch. Lalore, n° 9, p. 12, d'après une mention de Pithou, *Bref Recueil des év. de Troyes*, dans *Les Coutumes de Troyes*, éd. de 1609, p. 513, d'après le Cartul. perdu.

Carloman, à la prière du comte Robert, et pour le repos de l'âme de sa sœur Gisèle[1], *femme du dit Robert, concède à l'abbaye de Montiéramey des biens dans le comté de Troyes, à Courteranges*[2], *à Clérey*[3] *et le lieudit* Broilus, *dépendant du domaine de* Cornu. (Sans date.)

Karlomannus gratia Dei rex... adiens genua seneritatis nostræ illuster fidelis noster Rotbertus comes, humiliter petiit ut pro anima uxoris ejus mansum unum ad monasterium Adremari concederemus. Placuit itaque jamdicti loci fratribus, pro remittendis culpis Gislæ sororis nostræ, ejusque uxoris, in comitatu Trecassino, in Curtem Argenteam mansum unum de Clariaco quem tenet Daredus et Achericus, prope urbem Tricassinam et de villa Cornu qui dicitur Broilus ancingas LX, cum supra dicto Daredo et uxore ejus Richildi [concedere].

Dates extrêmes : 879, 11 avril. — 884, 12 décembre.

A. Giry, *ouv. cit.*, p. 130, n° 17.

Source : Copie d'A. Duchesne, Bibl. nat., *Collect. Baluze*, t. 39, fol. 237.

Carloman, à la prière des comtes Robert et Ancher[4], *concède à l'abbaye de Montiéramey, gouvernée par l'abbé Rotfrid, un manse à Chailley en Senonais*[5]. (882, 17 novembre. Troyes. Fragment.)

Karlomannus etc. Adeuntes genua serenitatis nostrœ illustres fideles nostri Rotbertus et Anscarius, dilecti nobis comites, humi-

---

[1] L'existence de cette fille de Louis le Bègue et son mariage avec le Comte de Troyes paraissent être restés inconnus jusqu'ici aux historiens. (Note de M. A. Giry.)

[2] Aube, arr. de Troyes, cant. de Lusigny,

[3] Aube, arr. de Troyes, canton de Lusigny.

[4] Alors comte d'Oscheret, en Bourgogne, et plus tard (891), marquis d'Ivrée. Voy. sur ce personnage, E. Bourgeois, *Le Capitulaire de Kiersy-sur-Oise*, p. 95, n° 4, et 106, 107. (Note de M. A. Giry.)

[5] Yonne, arr. de Joigny, cant. de Brienon.

liter petierunt ut monachis Dervensibus ex manso Adremari, sub manu Rotfridi abbatis Deo militantibus, mansum unum in comitatu Senonico, in villa Sadiliaco concederemus. Placuit itaque nostræ celsitudini eorum saluberrimis acquiescere postulatibus et jamdictis monachis Dervensibus in stipendiorum usus mansum unum in comitatu Senonico, in villa Sadilliaco, cum omnibus ad se pertinentibus et aspicientibus rebus, quæsitis et inquirendis, condeminis, silvis, pascuis, terris cultis et incultis, aquis aquarumque decursibus, mancipiis utriusque sexus concessimus. Actum Augusta Trecorum civitate, publice, sub die XV kal. dec. anno IIII regnante domno Carlomanno rege. In Dei nomine feliciter.

A. Giry, *ouv. cit.*, p. 131, n° 18.
SOURCE : Copie d'A. Duchesne, Bibl. nat., *Coll. Baluze*, t. 39, fol. 237.

Aleaume, comte de Troyes[1], *confirme la donation faite par son oncle le comte Robert, du domaine de Chaource à l'abbaye de Montiéramey.* (Fragment.) Février 893, Troyes.

Ego, Adalelmus, divina suffragante clementia comes... dum constat quod venerabilis Roibertus, illustris comes, avunculus noster, una cum consensu communi, Caduscian fiscum Deo et S. Petro Dervensi cœnobio donavit... ut autem omni tempore deinceps firma atque inconvulsa maneat, manu propria firmare studuimus et bonorum hominum manibus roborari jussimus.

(*Chr*). S. Adalelmi comitis qui hanc cartam donationis fecit et firmare rogavit.

S. Hirmengarae (sic) comitissœ.

S. Berengarii.

S. Fredetti vicecomitis.

Actum Trecas civitate mense febr., anno VI regnante Odone rege.

Benedictus levita rogatus scripsi et subscripsi.

A. Giry, *ouv. cit.*, p. 133, n° 23.
SOURCE : Copie d'A. Duchesne, Bibl. nat., *Coll. Baluze*, t. 39, fol. 238.

---

[1] Aleaume, comte de Troyes, après Robert, inconnu à M. d'Arbois de Jubainville. C'est évidemment le même dont on possède une charte du 1er mars 891, où il est qualifié comte et abbé de Saint-Loup, pour le transfert de cette abbaye. Camuzat, qui l'a publiée, avait lu son nom *Adelerinus* (corr. *Adelermus*) et dans la suscription *Andelelinus* (corr. *Andelelmus*); on en avait fait un abbé Adèlerin. (voy. d'Arbois de Jubainville, *Hist. des comtes de Champ.*, t. I p. 449 et p. 67, où il a voulu l'identifier à tort avec Alédramne, comte de Vexin. Note de M. Giry.

Raoul, roi des Francs, à la prière d'Ansegise[1], *évêque, et de Richard, comte de Troyes*[2], *renouvelle un précepte de Charles le Chauve, empereur, confirmant à l'abbaye de Montièramey des biens et des privilèges.* (Fragment.) Sens ; 10 décembre 926.

Roduflus, divina propitiante clementia Francorum rex... Ansiisus, Trecassina urbe pontifex, atque Richardus, ejusdem loci comes, petierunt nostram clementiam quatenus innovare dignaremur preceptum ad congregationem sancti Petri, quæ antea vocabatur Mansus Corbonis, quod Carolus imperator adhibuit. . Est predicta cella sita in territorio Trecassino, suntque res ipsæ quas nostræ excellentiæ expetiit de comitatu Trecassino, villa quæ etiam Clariaco[3] dicitur mansa octo et dimidium, consistunt que in Desdam[4] in Pruliaco et in Ruliaco[5]... Præcipimus atque ommino jubemus ut nec comes, nec vicecomes, neque vicarius, nec centenarius, nec ulla judiciaria potestas ab eis exigere audeat teloneum, pontaticum, trabaticum necnon rotaticum nec ullas redibitiones quœ ad fiscum nostrum pertinere videntur...

S. Rodulfi regis gloriosissimi.

Rainaldus ad vicem Abbonis pontificis recognovit.

Actum urbe Senonum, 4 idus dec., indict. XV, anno 4, regnante Rodulfo rege gloriosissimo.

A. Giry, *ouv. cit.*, p. 134, n° 26.
SOURCE : Copie d'A. Duchesne, Bibl. nat., *Coll. Baluze*, t. 39, fol. 238.

[1] Evêque de Troyes depuis le 15 mai 914, mort le 28 décembre 970.

[2] Ce document établit l'existence de ce comte de Troyes, Richard, dont M. d'Arbois de Jubainville avait contesté l'existence. (*Hist. des comtes de Champ.*, t. I, p. 69.) Note de M. A. Giry.

[3] Clérey, Aube, arr. de Troyes, cant. de Lusigny.

[4] Daudes, Aube, comm. de Montaulin, arr. de Troyes, cant. de Lusigny.

[5] Probablement Rouilly-Saint-Loup, Aube, arr. de Troyes, cant. de Lusigny.

www.ingramcontent.com/pod-product-compliance
Ingram Content Group UK Ltd.
Pitfield, Milton Keynes, MK11 3LW, UK
UKHW020952220726
13924UKWH00002B/644